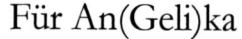

Für An(Geli)ka

Peter Druffel

Die große Halle der Liebe

Texte aus dem Jetzt und Hier

Bibliografische Information der Deutschen Nationalbibliothek:

Die Deutsche Nationalbibliothek verzeichnet diese Publikation in der Deutschen Nationalbibliografie; detaillierte bibliografische Daten sind im Internet über http://dnb.d-nb.de abrufbar.

Die große Halle der Liebe: © 2008 Peter Druffel

Coverfoto: © 2007 Lucy Bee

Herstellung und Verlag:

Books on Demand GmbH, Norderstedt

www.bod.de

ISBN: 978-3-8370-7178-8

Inhalt:

„Ich achte die Bücher
wie auch das, was sie nicht wissen"

Taliesin

„Mit einer Weisheit,
die keine Tränen kennt,
mit einer Philosophie,
die nicht zu lachen versteht,
und einer Größe,
die sich nicht vor Kindern verneigt,
will ich nichts zu tun haben."

Khalil Gibran

„What happens to a man when
He spills his heart on a page and
He watches words flow away then
His feelings lie on the page alone
There waiting
For someone who cares to read them
To open their eyes to see them
To see if they can make his thoughts their own
To find out that maybe your life's not perfect
Maybe it's not worth what he gives away

You can see that this broken soul is bleeding
So you can see your feelings inside yourself
And wander through my heart
Letting you see through me
Now only consumes me
Forget your pain, watch me fall apart"

3 Doors Down - Pages

Weit jenseits von Worten

Schreib dir Gedichte
Stehle mir die Zeit
dir zu beschreiben
was ich fühle
Und doch reicht es nicht
Kein „Ich hab dich lieb"
kein „Ich liebe dich"
beschreibt es annähernd
Kein Ton, keine Melodie
kann für mich ausdrücken
was du mir bedeutest
Kein Bild, keine Skulptur
kann dir zeigen was ich fühle
Kein Spiegel kann dir zeigen
was ich in dir sehe
Eine wunderschöne Frau
Viel mehr noch
als nur einen schönen Menschen
Inbegriff meiner Sehnsucht
Weit jenseits von Worten

Du lebst

Alles was bleibt
sind Tränen im Schnee
der Klang ihrer Stimme
der dir sagt
sie will dich nicht
die Gewissheit
das sie immer ein Teil
in deinem Herzen bleibt
und der Schmerz
der dir traurig
aber lächelnd klar macht
„Du lebst!"

Rosen im Februar

Die schmerzhafte Wahrheit
wird es niemals beugen
Die bittere Zukunft
kann es nicht schrecken
Die verlorene Vergangenheit
wird es niemals leugnen
Mein Herz
bleibt dir immer offen
bleibst immer ein Teil davon
wird dich nie verraten
dir nie im Wege stehen
Ist unendlich dankbar
dass es dich spüren darf
glüht vor Sehnsucht
strahlt
wie Rosen im Februar

Roter Regen

In der Landschaft meines Herzens
geht es in diesen Tagen stürmisch zu
Dort steh ich aufrecht am Strand
allein auf einem Felsen
mit Windstärke elf im Gesicht
mit dir als tiefes stürmisches Meer
mit haushohen Wellen
Über allem liegt peitschender roter Regen
Werde all dem trotzen solange ich atme
meine Liebe und Freundschaft immer verteidigen
den Anker der Vernunft nicht ablassen
Aber an Tagen wie diesen
fehlt sogar mir die Kraft
Da würde ich gern
einfach friedlich fallen
glücklich tief in dir ertrinken
Nur nie wieder
roter Regen

Bobby

Als dieser kleine
vor Liebe
für die Menschen
nur so strotzende
Labor-Beagle
mir meine Tränen
von den Wangen leckte
und die ganze Nacht
nicht von meiner Seite wich
wusste ich:
„Ich kann es überleben!"

Niemals

Das Gefühl
mit dem Verstand
unterdrücken

mit dem Verstand
erklären

mit dem Verstand
reglementieren

im Glauben
dass es Reife sei?

Niemals!
Ich will frei leben, lernen und lieben!

100

Du willst einhundert Jahre alt werden.
Dann bin ich einhundertundeins.
Ich hoffe es gibt dann noch Zivis,
die man mit einem Kasten Bier bestechen kann,
damit sie mich verliebten, greisen Trottel
dann mit meinem Rollstuhl zu dir schieben.

Reißverschluss nach hinten

(für Muckelchen Mira)

Hätte ihn gern gehört
deinen ersten Schrei
Dein erster Ruf nach Leben
Der Moment geht so schnell vorbei

Keiner sagt am Telefon
„Hi" so schön wie du
Jeder Satz ein Schatz in Worten
Wenn du es sagst hört man dir zu

Mit Grenzenloser Offenheit
gehst du auf einen zu
nimmst einem jede Furcht
Ein Goldstück Mira, das bist du

Deine Fantasie ist grenzenlos
Zieht mich in ihren Bann
Würde gerne mit dir spielen
so oft ich darf und kann

Geh du deinen Weg
Bin sicher du wirst Ihn finden
Und wenn du willst geh ihn eben
mit dem Reißverschluss nach hinten

Deinen ersten Schultag
den würde ich gerne sehen
Mit dir freudig aufgeregt
Hand in Hand über den Schulhof gehen

Dieses Leben ist nicht immer leicht
Kommt dir oft genug noch quer
und egal was dir dann lieb ist
gib es niemals her

Und erzählt man dir Quatsch
hör einfach nicht mehr zu
Denn nur die Augen Deiner Mutter
sind noch genau so schön wie du

Wenn scheinbar alles schief geht
Scheinbar nichts mehr helfen kann
dann ruf nach mir, ruf so laut du kannst
nach mir, deinem eigenen Feuerwehrmann

Geh du deinen Weg
Bin sicher du wirst Ihn finden
Und wenn du willst geh ihn eben
mit dem Reißverschluss nach hinten

Carpe Diem

In diesem ach so stolzen Land
kämpft fast jeder nur für sich
Bleibt die Nächstenliebe Illusion
doch wen kümmert das heute schon

In grauen kalten Städten
ist Peter Pan ans Kreuz genagelt
Glöckchen ist längst verschwunden
und leckt im Hinterhof seine eignen Wunden

Auf langen beschwerlichen Wegen
deren Ziel wir niemals kennen
nimmt das Schicksal seinen Lauf
aber ich gebe nicht so einfach auf

Am Kreuzweg des Lebens
bin ich nicht bereit
meinen Traum zu verraten
Ich bin stark und kann geduldig warten

Im Fenster zur Vergangenheit
kann ich's überdeutlich sehn
Hatte keine Chance bei dir
und trotzdem sitz und schreib ich hier

Im Schauglas der Gegenwart
liebe ich mein eignes Leben
Würde ich es nie beenden
Morgen könnt' das Blatt sich wenden

Finde im Leben immer einen Sinn
Auch ohne dich könnt ich niemals gehen
Würde ich mich leugnen und verraten
Carpe diem, Gevatter Tod kann warten

Und sollte mich morgen
plötzlich ein Verrückter erschießen
Dann ginge ich glücklich und zufrieden
Ich durfte fühlen wie es ist dich so zu lieben

Der Phönix

Schwing dich auf die Flügel des Phönix
Ich bring dich überall hin
Meine Tränen heilen deine Wunden
Wenn ich brennen muss ist das gar nicht so schlimm

Du bist es tausendmal wert
Bist mir unendlich wichtig
Und wenn ich auch brenne
spür' ich doch genau was ich tu' ist richtig

Stell mir ein Licht in dein Fenster
Ich liebe dich ehrlich
Will nur dass du glücklich bist
und ist das noch so beschwerlich

Werd' immer an dich glauben
Dir immer vertrauen
und vielleicht kannst du bisweilen
nach deinem Freund dem Phönix schauen

Der wird mit jedem brennen schöner
Fühlt sich dir immer verbunden
Wird mit jedem Male stärker
Setzt sich neben dich und verweilt für Stunden

Schenk dem Phönix ein Lächeln
Er möchte dich lachen sehn
Wird Luzifer selbst die Hörner verdrehen
Für dich fröhlich pfeifend durch die Hölle gehen

Und wenn du musst dann schick ihn fort
Er wird es immer verstehen
Wenn du ihn dann später brauchst
musst du nur nach dem Häufchen Asche sehen

Dann heb ihn auf, nimm ihn fest in den Arm
Gib ihm zärtlich einen Kuss
Im Nu ist dein Phönix wieder da
Weil er es so will, nicht bloß weil er muss

Die fünf Jahreszeiten

Im Frühling hab ich einen Baum
in meinen Schmerz gepflanzt
Seine Wurzeln abgedeckt
mit meiner Leidenschaft
Ihn gegossen mit meinen Tränen
Gleich meiner Sehnsucht
wächst er wie der Wind
Ebenbild meines Willens
und meiner unbändigen Kraft

Im Sommer wird sein Schatten mich schützen
Vor den sengenden Strahlen der Verzweiflung
Sein Stamm mir sicheren Halt geben
Die Vögel in den Zweigen werden mir
ein Lied aus Hoffnung singen
Mit dir als kleine Terz in der Melodie

Im Herbst werde ich ihn schlagen
und dir den Stamm bringen
Damit dich wenigstens sein Holz
Brennend wie meine Liebe
An kalten Tagen am Ofen wärmen
Und dir knisternd ein
wohliges Dasein schenken kann

Im Winter hoffe ich bei jedem frierenden Atemzug
das all meine Worte und Reime
-Rot glühende Brandmale auf den Seiten meiner Seele-
Irgendwie dein Herz erreichen durften
Sonst bleiben sie unweigerlich
nur kalte Tintenkleckse auf bedeutungslosem Papier

Denn dann müsst ich andre Wege finden
Ich bin bereit
Müsst ich über Klingen springen
hab sie selbst geschliffen
Dir, sinnlos oder nicht, einfach *sagen*: „Ich liebe dich"
Dann hoffe ich
hat vielleicht auch dein Herz begriffen:
Bin ohne dich verloren
Du bist meine fünfte Jahreszeit

Die letzte Nacht im Juli

Der Regen wäscht Stammkunden von den Strassen
Die Bürgersteige sind hochgeklappt und leer
Sehe nicht einmal mehr das Sternenmeer
Weder Mut noch Hoffnung;
Nur mein Herz ist schwer

Hab doch nur versucht das Schicksal zu beugen
Nähme noch immer alles für euch in Kauf
Und nun nimmt das Schicksal doch noch seinen Lauf
Chancenlos auf den Knien; Ich geb ja schon auf

Arpeggien aus Schmerzen laufen durch mein Herz
Ich frage mich sicher nicht mehr nach dem Sinn
Frage mich eigentlich nur noch wer ich bin
Bin wie immer beharrlich; ich krieg's schon hin

Die letzte Nacht im Juli
Ertrinke an meinen Gefühlen
Egal ob du mich ernst nimmst oder nicht
Ich dreh meinen Schmerz in den kalten Wind

Muss lachen, sehe meine Augen im Tränenmeer
Denn schlimmer wird's ohnehin nicht mehr
Ich komm klar, geh da durch, wie immer, irgendwie
Allein, in dieser letzten Nacht im Juli

In der Steilwand des Lebens hab ich den Halt verloren
Würde gern neben dir als Freund
in einer Wiese liegen
Würde auch gern einfach aufhören dich zu lieben
Ambitioniert hoffnungslos;
Ich wünschte auch ich könnte fliegen

Versuche schon wieder auf der Schussfahrt zu wenden
Ich denk an deine Augen und kann es nicht fassen
Denk an deine Wärme dabei sollte ich es lassen
Absolut irrational; Gefühle der Liebe in Massen

Mit deinen schönen Augen hat alles angefangen
Auch wenn das Schicksal mir die Rechnung hinhält
Bleibst du meine Traumfrau im Tollhaus dieser Welt
Bin eine treue Seele;
Ich trag dich bei mir bis der Vorhang fällt

Die große Halle der Liebe

Die große Halle
in der die Liebe wohnt
ist unvergleichlich schön.
Gleich einer Kirche
die keinen Gott braucht.

Wunderschön geschliffene Spiegel
zeigen dir Dein wahres Ich
wenn du es zulässt.
Der marmorne Boden
der fest unter dir steht
wo du deine Ängste haben darfst
sie aber nicht dich.

Bunte Fenster
durch die das Licht
von Sonne und Mond
direkt in dein Herz scheint.
Dich zärtlich wärmt
Dich lodernd brennen lässt
Dich mal eiskalt erwischt

Dessen stählerner Glanz
deine Seele
wie eine Klinge
verwunden kann.

Mit Türen auf allen Seiten
darauf die Namen der Pfade
auf die sie münden
wie:

Leidenschaft

Wut

Vertrauen

Stolz

Freundschaft

Hass

Zuneigung

Verzweiflung

Schicksal

Hingabe

Vergessen

Ein Ort wo die Liebe
dich krönt oder kreuzigt.

Aber als die Menschen
das Vertrauen in sich selbst verloren
hängten sie Schilder an die Türen:

Eingang - Ausgang
zum Guten herein
zum Schlechten heraus
einfach, gradlinig
einer neuen Ordnung folgend
gut oder böse
schwarz oder weiß
zwei mal zwei ist vier
ist niemals fünf

Wo die Liebe sich nicht erfüllt
wendet man sich von ihr ab.
Aus Leidenschaft wird dann Wut
Aus Zuneigung gekränkter Stolz
Aus Hingabe Vergessen

Mir ist diese Ordnung wurscht!
Wenn ich mich von der Liebe abwende
was macht dann noch einen Sinn?

Werde leiden lachen kämpfen weinen
mich dann aber sicher
frohgemut auf den Weg machen
durch die Tür der Freundschaft
auf dem Weg zu dir

egal wie weit
egal wie steil
jeder Schritt
bringt mich dir näher
jeder Schritt
ist es Wert

Nicht weil ich dich will
Nicht weil ich dich liebe
Nein, vor allem
weil du es wert bist!

Eine kalte Dortmunder Nacht

Eine kalte Dortmunder Nacht
Es ist 3 Uhr morgens
Ich stehe in einem brennenden Dachstuhl
und zeige der „weißen Wolke" Gregor neben mir
was jetzt genau zu tun ist
Gregor freut sich wie ein kleines Kind:
„Endlich ein richtiges Feuer!"
Ich sehe für einen Moment
vorbei am Rauch, durch das Dach
auf einen klaren Sternenhimmel
und begreife plötzlich
wie weit du wirklich
von mir entfernt bist
Wenn es einen Gott geben sollte
bin ich ihm oder ihr jetzt dankbar
dass ich wenigstens eine Atemschutzmaske trage
Die weiße Wolke könnte kaum verstehen
warum ich gerade weine wie ein kleines Kind

Hallo Mond

Hallo Mond, hab' lange nicht nach dir gesehen.
Schau wie du herunter auf diese graue kalte Stadt.
Ist das meine Heimat, ist das wirklich mein Leben?
Frag mich ob hier irgendwer noch wen wirklich lieb hat.

Hallo Mond, bin sicher du hast es gesehen.
Hab mich total verliebt in sie, bis über beide Ohren.
Schließe die Augen und seh' nur ihr Gesicht.
Hab mich zum wohl dümmsten Zeitpunkt an sie verloren.

Nein lieber Mond es regnet nicht.
Das ist das Blut eines Träumers,
das glitzert in deinem Licht.
Schicksal eines lieben Verrückten.
Grausamer Preis seiner Liebe und Leidenschaft.
Was du siehst sind Tränen auf seinem Gesicht.

Hallo Mond, beleuchte meinen Traum.
Denk an die beiden, fühl mich oft so allein.
Fühl mich wohl bei ihnen, fühl mich dann komplett.
Träum von einer wilden Kissenschlacht mit den Zweien.

Hallo Mond, du kannst es verstehen.
Möcht' mit ihr auf Wolke sieben liegen.
Sie halten, streicheln, zärtlich sein, sie lieben.
Mit ihr durch den Himmel der Gefühle fliegen.

Nein lieber Mond es regnet nicht.
Das ist das Blut eines Träumers,
das glitzert in deinem Licht.
Schicksal eines lieben Verrückten.
Grausamer Preis seiner Liebe und Leidenschaft.
Was du siehst sind Tränen auf meinem Gesicht.

Hallo Mond, du kennst mich gut.
Möchte ihr wenn sie mich ließe alles geben.
Bin kein Engel, bin weiß Gott kein Heiliger.
Und doch würde ich ihr die Welt zu Füßen legen.

Hallo Mond, du warst immer ehrlich.
Wirst mir jetzt wohl sagen es ist alles vergebens.
Nein das ist es nicht, auch wenn ich sie nicht haben kann
so war und bleibt sie doch die Liebe meines Lebens.

Hallo Mond, lach mich nicht aus
Bin mir sicher, hab nie mehr für wen empfunden
Hätte sie gern in den Schlaf gesungen,
sehr gern ihren Bauch geküsst
Jetzt sitz ich hier in deinem Licht
und lecke meine Wunden

Die Lektion des Zauberlehrlings

Mit meinen Gefühlen in mir
kommt es mir vor als hätte ich
einen Zauberstab aus Liebe
einen Mantel aus aufrichtigen Gefühlen
einen Hut aus Zuversicht
Sternenstaub in den Schuhen
Gedichte für Zauberbücher
und einen Schlüssel für dein Herz

Doch muss ich noch lernen
dass ich nur geben kann
wenn du auch nimmst
dein Herz mich nicht will
ich absolut nicht wichtig bin
Das meine Liebe
allein von mir gefühlt
aber nur mit dir zusammen
gelebt werden kann
und ich mir auch Freundschaft
nur wünschen kann

Weiß ich es sicher
Meine Liebe ist reine Energie
Die Urgewalt des Lebens
Eherner Grundsatz der Natur
dass man Energie
nicht vernichten kann
Nur Form und Zustand
lässt sich ändern
Und ich habe Liebe, Hoffnung
Freundschaft und Treue gewählt

So stehe ich da
im Zauberschloss meines Herzens
Mit Tränen auf den Wangen
einem Lächeln auf den Lippen
und Weißdorn in den Händen
Stehe ich da und lerne begierig
mit Merlins großer Hand auf meiner Schulter
lerne ich verzweifelt
froh und hoffend zugleich
lerne ich dich liebend eine Lektion
Die Lektion des Zauberlehrlings

Engel

Glaubst Du an Engel?
An ihre Existenz?
Ich glaub an sie
und das mit Vehemenz

In Krisen früherer Tage
stand meiner immer neben mir
Bewachte mich ohne Frage
Ich wusste immer „Er ist hier."

Hoffte oft kindlich naiv
Dachte „Hilf mir hier raus
In meinem Leben läuft was schief
Sonst ist bald alles aus!"

Hab dann immer gefühlt
wie er gütig lächelnd denkt
„Du hast zu lang im Schmerz gewühlt
Hilf dir selbst, du bist es der hier lenkt!"

Er half, gab so immer Mut
Zu tun was mein Herz mir sagt
Und das war auch meistens gut
So hat nicht viel an mir genagt

Heute scheint er traurig, hilflos
Ist auch mein Engel gefangen
Wirkt er nicht mehr so stark und groß
Fühle ich bloß sein hilfloses Bangen

Was ist nur geschehen?
Warum weinst auch du?
Erklär es mir, ich will dich verstehen
Doch dann begriff ich im Nu

Auch Engel können lieben, sich nach Ihresgleichen sehnen
Dein Engel ist so schön sein wie du, mein Sonnenschein
Und dann kenn ich den Grund für seine Tränen
Mein Engel wird den deinen lieben, das wird's wohl sein

Mein Engel und ich finden den Gedanken mehr als nur nett
Wir verliebten Träumer sind von euch ganz hingerissen
Wären wir doch ein traumhaft starkes Quartett
Wir Zwei lieben euch, wollen euch wahrhaftig nicht missen.

Strahlen

In diesen Tagen
kommt es öfter vor
Lauf ich von dir träumend
durch mein Leben

Zaubert dieser Traum
und die Liebe zu dir
mir ein Strahlen ins Gesicht
das ich nicht vertreiben kann

Und stelle fest
dass diese Liebe
wunderbar
und ansteckend ist

Weil mein Strahlen
ein Lächeln auf die Gesichter
der Menschen zaubern kann
denen ich - wo auch immer - begegne

Es wird viel zu wenig geträumt in diesem Land!

Es gibt Tage

Es gibt Tage
da bin ich ganz nahe
am Wasser gebaut
da ist die Luft zu kalt
die Sonne zu warm
diese Stadt zu grau
die Zukunft bitter
die Gegenwart ohne Raum
die Vergangenheit zu nah
meine Brust zu eng
mein Kopf zu schwer
die Lippen einsam
und aus dem Riss in meiner Seele
sprudeln Worte
die ich lieber sagen
als schreiben möchte

doch das fällt schwer
da fehlt mir die Luft
da macht es keinen Sinn
da zwingt mich all das in die Knie
alles sagt mir: „Weine"
da sag ich: „Ich will leben"

dann denke ich
an die Schönste von allen
wie sie lächelnd
mit leuchtenden Augen
auf dem Bahnsteig
ihrer Tochter nachsieht
die mit unbändiger Energie
ihren eigenen Schatten jagt

und plötzlich
fällt dies alles von mir ab
bin ich froh
und friedlich
siegt die Zuversicht
dann kann der König
der Elemente selbst
an meinem Herzen ruhen
und ich
werde ihm Frieden geben

Ich weiß

Ich weiß
es wäre einfacher
einfach zu gehen
anstatt dir hier
in die Augen zu sehen

Ich weiß
es wäre einfacher
die weiße Fahne zu hissen
als dich bei ihm
in seinen Armen zu wissen

Ich weiß
es wäre einfacher
die Kälte in seinen Blicken
die Botschaft seines Schweigens
mit ihm zum Teufel zu schicken

Ich weiß
es wird nicht einfach
die Nacht kommt zu früh
der Morgen graut zu spät
egal wie sehr ich mich müh'

Ich weiß

es wird nicht einfach

von der Liebe wehrlos gemacht

mein schützender Schatten

er flieht vor mir heut' Nacht

Ich weiß

es wird nicht einfach

ich stell' mein Herz wie eine Kerze in den Wind

doch trotz Sturm brennt es weiter

drum werde ich weinen wie ein Kind

Wer sagt

dass Liebe einfach ist?

mit Asche in den Händen

mit Trauer in den Augen

werd' ich irgendwann erwachen

Auch diese Nacht

wollte mein Herz nicht besiegen

hat die Gefühle zu dir nicht ausgetrieben

ich hab wohl einfach keine Wahl

ich weiß

ich werde dich immer lieben

Sinn

Alles hat einen Sinn?
Ist für etwas gut?
Dann wäre Sokrates
jetzt stolz auf mich
Denn ich weiß nur
dass ich nichts weiß

Auch Gibran würde lächeln
Sähe mich brennend
nicht ruhend
Verzweifelt seelenverwandt
spüre ich dich
in meiner Nähe

Und weiß dann plötzlich doch
um den Sinn
Sinn der Liebe
ist es zu lieben
Nichts sonst

Katharina von Bora
wird jetzt nicken
lächeln
mich verstehen
Gruß an Bruder Martin

Also liebe ich dich
mit allem was ich hab
und geben kann
Hier stehe ich
und kann nicht anders

Sternschnuppen

Gemeinsam mit dir
in den Sternenhimmel sehen

Deine Schönheit vor Augen
auf Sternschnuppen warten

Deinen Duft in der Nase
mir den Wunsch parat legen

Eine Sternschnuppe sehen und wissen
mein Wunsch ist längst wahr

Ich bin bei dir

Das Leben macht mehr als nur Sinn
wenn ich bei dir bin

Wer bin ich?

Bist weit weg von mir
So weit
dass meine Hände
dich nicht mehr erreichen
meine Augen
dich nicht mehr erblicken
und meine Wärme
auf dem Weg zu dir
elendig erfriert

Nur meine Worte
könnten dir jetzt
noch nah sein
könnten dich
innerlich streicheln
dich bauchpinseln
dich wärmen
dich zärtlich küssen
dich liebevoll umarmen

Denn sie sind wie ich
Wie ich?
Sind sie
liebevoll?
Freundlich?
Aufgeschlossen?
Aufmerksam?

Wie ich
wenn ich bei dir bin?
Bin ich denn überhaupt
liebevoll?
Freundlich?
Aufgeschlossen?
Aufmerksam?

Ist es denn das
was du dir wünscht?
Wer bin ich überhaupt
für dich?

Zweifel

Hab heute Nacht geträumt Gott stünde vor mir. Mit erhobenem Zeigefinger.

„Wenn du sie wirklich willst, musst du bereit sein zu weinen bis du keine Tränen mehr hast."
„Das hab ich hinter mir, da bin ich jetzt, und das hab ich noch unzählige Male vor mir!
Was noch?"

„Wenn du sie wirklich willst, musst du bereit sein weit hinter deine eigenen inneren Grenzen zu gehen."
„Da bin ich längst und ich gehe jede Sekunde einen Schritt weiter!
Was noch?"

„Wenn du sie wirklich willst, musst du bereit sein freudig für deine Liebe zu bluten."
Ich merke wie mir die Tränen kommen und alles verschwimmt.
„Gott, was glaubst du eigentlich was ich hier tue?"
Werde unglaublich traurig, fast ein wenig trotzig.
„Was noch?"

„Wenn du sie wirklich willst, musst du bereit sein Berge zu versetzen."

„Krieg ich hin! Wo sind Hacke und Schaufel?"

Mein ganzer Brustkorb brennt und droht zu platzen. Fast drohend frag ich: „Was denn noch?"

„Wenn du sie wirklich willst, musst du bereit sein den Lauf der Gezeiten zu ändern."

„Verdammt, ich würde alles tun!"

Sehe wie ich mich auf dem Absatz umdrehe um mich wirklich auf den Weg zu machen die Gezeiten irgendwie zu ändern. Mond ich komme! Mach dich auf was gefasst…!!

…und werde wach, mit genau den Tränen im Gesicht und dem Schmerz hinter meinem Sternum und deinem Gesicht vor Augen. Es kann keinen Gott geben!!

PS: Ich zweifle heute nicht mehr an Gott. Ich habe den Lauf der Gezeiten tatsächlich geändert - In mir!

Ein Tag im Park

Wir waren heute im Park
Mein Gefühl
mein Verstand
die Erkenntnis
und ich
Wir verträumten Gralssucher
gingen schlendernd umher
aßen einen Bissen
plauderten viel
saßen auf einer Bank
freuten uns an spielenden Kindern
hielten die Füße in den Teich
ließen Steine tanzen
tollten wild umher
redeten über das Leben
redeten über die Liebe
Während die Sonne unterging
und Luna sich erhob
gingen wir heim
und waren letztlich
genauso schlau
wie vorher:
Wir lieben dich!

Manchmal

Manchmal ist die Wahrheit
näher
als die Hand vor Augen

So nah
und doch
will ich sie nicht sehen

Ich bin dir scheißegal
und sollte jetzt
wohl einfach gehen

Kollegen

Zugegeben
hin und wieder
denke ich
das es einen Tinnitus
auch in Augen gibt
Da sehe ich mich nur
von Pfeifen umgeben

In kostbaren Momenten aber
weiß ich es besser
Bin ich stolz
Da fühle ich mich
Wie Shakespeares Heinrich V.

Uns wen'ge, uns beglücktes Häuflein Brüder:
Denn welcher heut sein Blut mit mir vergießt,
Der wird mein Bruder; sei er noch so niedrig,
Der heut'ge Tag wird adeln seinen Stand.

Männer, zusammen schaffen wir alles
Ja, da weiß ich es wieder:
Ich bin mit euch gesegnet

Mit Fingerspitzen

Mit Fingerspitzen
aus Worten
rühre ich
zärtlich
ganz vorsichtig
deine Seele an.

Eine Seele
die scheinbar
das Träumen scheut
Eine Seele
wie klares Wasser
welches mich
weder spiegeln
noch
Wellen schlagen mag.

Vertrau mir!
Bis zum Ende der Zeit
bleibe ich
liebevoll
zärtlich

Auch wenn du
glauben magst
ich spiele
mit Worten
wie ein törichtes Kind

Mag sein
denn Kinder
unterwerfen ihre Gefühle
nicht dem Verstand

Also sitze ich am Strand
deiner Seele
baue Sandburgen aus Liebe
und warte
bis Wellen
sie irgendwann einmal
hinfort tragen
Wohin auch immer

Alles andere
wäre töricht
Alles andere
bin nicht ich

Ich träume und hoffe
aber erwarte nicht
Auch bei Ebbe
folge ich dem Wasser

Ich weihe meine Seele
der Gefahr
mein Herz aber
dem Feuer allein

Bei Flut lieben
kann jeder

Wiedersehen

(für Claudia Günther)

Fand dich damals beängstigend schön
Deine Augen konnten tieftraurig sein
wie der Ozean
oder fröhlich strahlen wie die Sonne

Jahre später in einer Hundewiese
haben mich diese Augen
nur fragend angesehen
und ich hab den Mund nicht aufbekommen

Deine Augen machten mich noch immer sprachlos
Ich würde diese Augen gern einmal wieder sehen
um dir, der beängstigend schönen Frau
auch in ihr Herz zu sehen, zu fragen wer sie ist

Der Baum

Deine Blätter
wechseln die Farbe
in all der Zeit
Manche fliegen fort
manche wachsen neu
und der Wind
deines Lebens
beugt dich bisweilen
Ich aber bin da
Ich bin der Phönix
der sein Nest
in deinen Armen hat
Schau nur in dich hinein

Angst

Wenn mir klar wird
dass du Angst vor mir hast
zumindest vor Teilen
bin ich tieftraurig
Wie könnte ich dir je wehtun?

Ich als Sternzeichen Fisch
als Mondzeichen Krebs
kann keiner Fliege
etwas zuleide tun

Selbst mein Name
steht für Güte und Zuverlässigkeit
Peter, Simon Petrus, Apostel Christi
und erster Bischof Roms
starb für seinen Glauben

Für Jesus
war er der Fels
auf den er seine Kirche bauen wollte
Nur du
hast Angst vor mir

Vielleicht sind meine Gefühle
all die Liebe, Beharrlichkeit und Geduld
nur ein Fels, ein großer Stein
der dich zu erdrücken droht
dir den Atem nimmt

Dann werde ich schweigen
lass mein Herz doch bersten
Bin für dich da
Wann immer du willst
nimm meine Hand.

Um dann zu merken
endlich
dass dieser Fels
dass meine Liebe
warm und weich
leicht wie eine Feder ist

Das weiche Wasser bricht den Stein

(für Hans Sanders)

In den Achtzigern
waren wir noch Viele
Wir weinten
und sangen
gemeinsam
„Das weiche Wasser bricht den Stein"
Werde Hans Sanders niemals vergessen

In den Neunzigern
waren wir oft allein
Wir weinten
und sangen
oft allein
„Das weiche Wasser bricht den Stein"
Von der Realität desillusioniert

Heute
weint und singt kaum jemand mehr
tragen alle die Ellenbogen
die wir friedlich brechen wollten
Das weiche Wasser versiegt

Wir sollten endlich anfangen
uns wieder ernsthaft Sorgen zu machen
Gemeinsam
Denn ich verdurste

Warum

Hab mich oft gefragt
warum?
Warum ich dich
in all den Jahren
nicht vergessen konnte
Selbst wenn ich meinen Kopf
zwang die Gedanken an dich
nicht weiter zu verfolgen
Warum wurde ich so oft wach
hatte von dir geträumt
und verstand nicht wieso?
Heute weiß ich es
Möchtest du wissen warum?
Dann warte bis zur nächsten
sternenklaren Nacht und
gehe in deinen Garten
schau dir den Himmel an
Such dir den allerschönsten Stern
Denn das bist du
Dann frag dich selbst
wie dieser Stern
in diesem Himmel
in meinem Herzen
jemals verloren gehen könnte

Beppo Straßenkehrer

Bisweilen komm ich mir vor
wie Beppo Straßenkehrer
der mit seinem letzten Hemd
die Schiefertafel abwischt
die er für Momo auf dem Müll fand
Mit Kreide ihren Namen darauf schreibt
und ihr lächelnd hinhält:
„Lies!"
Nur das meine Momo
noch gar nicht lesen lernen will
Meister Hora
wird weiter
auf sie warten müssen
Und ich?
Ich versuche es weiter
Atemzug
Schritt
und Besenstrich …
Atemzug
Schritt
und Besenstrich …
Atemzug
Schritt
und Besenstrich …

Spruch

Las heute
auf einer Website
einen Spruch:

*„Der Mensch ist,
was er denkt"*

Habe selten
so gelacht

Sprache

Heinz Rudolf Kunze
schrieb einmal:
„Sprache ist das Scheitern
das man formulieren kann"
Recht hat er!
Und ich schreibe
um mir dies
immer wieder
einzugestehen
Ich kann dich nie erreichen
„Guten Tag Traurigkeit"

Du Selbst

Gehe nicht in das Dunkel
Dort musst du blind vertrauen
Dort musst du glauben können
Nicht ihnen
Nicht mir
Dir selbst

Dort musst du lieben können
Nicht ihn
Nicht mich
Dich selbst

Dort reicht es nicht
zu denken
meine Freundin zu sein
Dort musst du dies leben
Dort musst du dies sein
Du selbst

Dort siehst du nur
was dir scheint
Vergessen siehst du nicht
Mich siehst du ohnehin nicht
selbst wenn ich
gleich einer Fackel brenne

Dort musst du das Licht sein
Allein
Weißt du noch
wer das ist?
Du selbst?

Lernen

Du willst lernen?
Auch fremdes, jenseits
von deinem Tellerrand?
Gut, ich warte dort bereits

Du willst *zusammen*
und nicht mehr *allein*
Dann hör doch auf
immer nur bei dir zu sein

Du verstehst nicht
was ich sage, schreibe, tue?
dann hör mir doch endlich
einfach mal offen zu

Wenn du die Sonne erreichen willst
reicht es nicht nur ambitioniert
in die Höhe zu springen

Dass ich nicht deine Sonne bin, weiß ich längst
Aber sogar für mich alte Straßenlaterne
könntest du zumindest auf den Zehen wippen

Der Glaube

Der Glaube
versetzt bekanntlich Berge

Wenn du mich fragst
ob ich an dich glaube
ist die blitzschnelle Antwort
ein bedingungsloses JA

Gib mir eine Schaufel
und ich trete mit Freuden
jederzeit den Beweis an
Kein Berg ist vor mir sicher

Als ich dich fragte
traf mich dein Zögern
wie ein Erdrutsch
Begraben von Schweigen

Nicht einmal wirklich still
ist es hier unten
Die Klänge
meines brechenden Herzens
quälen mich gewaltig!

Vergangenheit

Achte die Vergangenheit
Ist sie dir auch unbequem
Sie ist der Spiegel
in den du
schauen musst
Das wirst du
bald schon sehn

Achte die Vergangenheit
Zeigt sie dir den Weg
woher du kommst
wo du gerade stehst
auf deinem Weg
Weißt du sonst
wohin er geht?

Deine Augen

Ich fand
es immer schön
schreiben zu können
erleben zu dürfen
dass ich mich
in deinen Augen
verlieren kann

Rückblickend betrachtet
hätte ich mir
besser
wünschen sollen
mich
in deinen Augen
wieder zu finden

Hätte ich mir
wünschen sollen
das diese Augen
mich ansehen
und nicht
durch mich hindurch

Die Meinung Dritter

Die Meinung Dritter
benutzt du
wie eine Waffe
hinter der du dich
verstecken kannst

Dritte
kennen nicht mich
hören nicht mich
fühlen nicht mich
weinen meine Tränen nicht

Dritte enden
an deinem Tellerrand
an deinen Mauern
an deiner Angst
erblinden angesichts deines tauben Spiegels

Dritte lassen
der Hoffnung keine Luft
der Wahrheit keinen Raum
der Liebe keine Freiheit
mir nie eine Chance

Und obwohl ich
bat und mahnte
dir dies zeigte
sprachst du
immer wieder zu

Um dann zu sagen
„Das hab *ich* nie gesagt
und geb' *dir* das einfach so"
Ja, *mir*, einfach nur so

Und siehst nicht einmal
das es genau darum geht
Mir wäre lieber
du hättest
selbst etwas gesagt
selbst Stellung bezogen

So bleibt nur
die Gewissheit
dass ich dir
nicht einmal das
- eine eigene Meinung -
wert war

Die Wahrheit

Mit der Wahrheit
ist es wie mit einem
Tribunal aus Kindern

Der angeklagte Zahnarzt
der wahrheitsgemäß behauptet
Süßigkeiten würden schaden
wird immer
die Todesstrafe erhalten

Die Wahrheit
nützt niemandem
wenn sie nicht
mit der Vernunft
einhergeht

Aber wer kann schon
dauernd vernünftig sein?

Und wer
kann *meine* Wahrheit
mit *deiner* Wahrheit
in Einklang bringen?

Die Wahrheit
ist in Wahrheit
unerreichbar

Sag mir nicht

Sag mir nicht
was *nicht ist*
Sag mir
was *ist*

Frag mich nicht
woher
ich es wissen will
Sag mir
ob es stimmt

Die dunkle Leere
des Nichts
taugt nur für Enden
Beginnen
können wir damit
nichts

Sag mir nicht
was *nicht*
Sag mir *wie*
Sag mir *ob*
Sag mir *wer*
du wirklich *bist*

Wo warst du?

Die Vergangenheit
tangiert dich nicht
willst dich
nicht an ihr messen
nicht auf sie berufen
Leugnest sie
nur all zu gerne

Du willst nur leben
im Jetzt und Hier
Willst jeden Tag
neu beginnen
Willst jeden Tag
neu genießen
Jeder neue Tag
wird dein schöner Tag

Ein schönes Ideal
Aber
wo warst du
als unsere Vergangenheit
als meine Anwesenheit
die Gegenwart
das Jetzt und Hier war?

Wo warst du
als ich glaubte eine Chance zu haben?
Wo warst du
als ich von mir erzählte?
Wo warst du
als ich mich immer wieder anbot?
Wo warst du
als ich haltlos fiel?

Ich weiß
um die Antwort:
Du warst
ganz woanders
Warst ganz bei dir

Und du glaubst
wirklich
du lebst
du bist
im Jetzt und Hier?

Die Tränen des Phönix

Die Tränen des Phönix heilen bekanntlich alle Wunden. Nun, der Phoenix ist immer im Wandel. Eben mal Phoenix, mal die Asche. Drum sieht er bisweilen auch etwas verheult und zerrupft aus.

Du aber, liebst die immer glänzenden Federn des Raben und weinst, weil der Rabe nicht bleiben kann. Weinst, wenn er nach dir pickt. Suchst verzweifelt nach Pflastern und Salben für deine Wunden.

Dabei weint der Phoenix die ganze Zeit für dich, damit du weiter Raben lieben kannst.

Mein Gott, dreh dich doch einfach nur mal um!

Einbahnstraßen

Als ich mich
in dich verliebte
machte ich mich
auf den Weg
Es war eine
Einbahnstraße

Als ich
dein Freund sein wollte
machte ich mich
auf den Weg
Es war eine
Einbahnstraße

Jedes Mal
wenn ich verletzt war
machte ich mich wieder
auf den Weg
in eine
Einbahnstraße

Auch heute
würde ich mich sofort
wieder auf den Weg machen
Auf in die
Einbahnstraße

Heute aber
wäre ich vorsichtiger
Denn heute
habe ich Angst
vor Einbahnstraßen

Es könnte mir jemand
entgegenkommen…

Heute ginge ich zu Fuß…

Gib auf

Rose Ausländer
muss eine beeindruckende Frau
gewesen sein
Hätte sie gerne
kennen gelernt

Sie schaffte es
eine Einsicht in mir
zur Erkenntnis werden zu lassen
Ich schrieb Jahre erfolglos
Wort für Wort, Seite um Seite

Sie brauchte dazu
gerade einmal neun Worte
welche ich hier
in tiefer Verneigung
zitieren will:

Gib auf

Der Traum
lebt
mein Leben
zu Ende

Und egal wie herum
man dies liest
Es stimmt
Ein Teil von mir
stirbt dieser Tage

Und genau Jetzt und Hier
fängt Rose Ausländer
mich wieder auf
schenkt sie mir
das wertvollste dieser Welt: Hoffnung

Noch
duftet die Nelke
singt die Drossel
noch darfst du
lieben
Worte
verschenken
noch bist du da
Sei was du bist
Gib was du hast

Das tue ich, liebe Rose, versprochen!

Was wäre wenn…

Inmitten meiner Zweifel
am Grunde meiner Hölle
nicht zu wissen
wie es dir geht
zu fürchten
dass du von mir
nur noch
deine Ruhe möchtest
frage ich mich
was ich hätte anders
machen sollen
machen können
und kann mir
so manches vorstellen
Nur wäre es dann
nicht mehr
mein Leben
Und damit wären wir
bei dem wirklich Einzigen
dass du nicht haben kannst

Oder doch…?

Noch immer

Noch immer
bist du meiner Tage
erster und wunderbarer Gedanke

Noch immer
bist du der Anfang des Wandels
das Ende des Regenbogens

Noch immer
würde ich als Sternschnuppe
für dich verglühen

Noch immer
schlaf ich träumend von dir ein.
Was kann positiver
was kann schöner sein?

Zeig es mir!

Für eine offene Seele
für ein offenes Herz
ist spät
immer früh genug
Nimm meine Hand
Zeig mir deinen Glauben
Zeig mir deinen Mut

Poe's Rabe

Was mir blieb
Kalte Worte
Ein lodernd Herz - nichts weiter mehr
Sprach Poe's Rabe: „Nimmermehr"
Nun
ich lieber bei den Engeln wär' - nur hier nicht mehr
Die Hoffnung - hinfort ohn' Wiederkehr
Was blieb ist meine Seele - dumpf und schwer
Sprach Poe's Rabe: „Nimmermehr"

Der Anfang

Es begann mit deiner Hand
welche die meine nahm
mich über das Eis zog
Runde um Runde
bis ich sicher stand

Ich habe dir vertraut

Was ich mir wünschte
war eben diese Hand
Eine kleine Geste
ein wenig Wärme
eine Kleinigkeit Gegenwart

Ich brauchte
das unendlich Kleine
um dir Alles zu geben
ein wenig deines Mutes
um stark zu sein

Du konntest mir nicht vertrauen…

Ich bin

Ich bin
was ich schreibe
was ich sage

Ich bin
meine Entscheidungen
meine Taten

Ich bin
woran ich glaube
was ich beschütze

Ich bin
mein Gefühl
mein Vertrauen

Ich bin
mein Mut
meine Ängste

Ich bin
der Träumer mit dem Captain Hook
über die Wirklichkeit redet

Ich bin der
der dein Lächeln mit sich trägt
der Liebe wirklich leben will

Ja, ich bin
Jetzt und Hier
Ich bin was ich lebe

Die Stille

Die Stille gab kein Zeichen
Kein Wort lies hin sie streichen
das mich noch hoffen lies

Kein Wort sie noch las um zu verstehen
Der Traum war wie der Nachtwind
Traurig lass ich ihn gehen

Wände aus Schweigen ragen hoch hinauf
Wenn dies dein Leben ist
dann nimmt es nun seinen Lauf

Ich, dein Clown, gebe weinend auf

„I may never find all the answers
I may never understand why
I may never prove
What I know to be true
But I know that I still have to try

If I die tomorrow
I'd be all right
Because I believe
That after we're gone
The spirit carries on"

John Petrucci – The spirit carries on

„Zwei mal zwei ist vier, das ist eine großartige Erfindung, aber wenn wir schon mal am rühmen sind, dann muss ich sagen, dass sich zwei mal zwei ist fünf auch nicht übel ausnimmt."

Merlin, Myrddin, Miraculix oder Dumbledore, nennt ihn wie ihr wollt! Tief in eurem Innern kennt ihr ihn alle! Die Welt ist ihm wurscht, er hat die Liebe gelernt. Tun wir's ihm nach, denn mehr gibt es letztendlich nicht zu sagen!
(frei nach „Merlins Mäntelchen" von Thomas Lehner)

Meinen Dank an:

Meinen Vater:
Er zeigte mir, dass ich immer, jederzeit, träumen kann und darf.

Meinen Bruder:
Er gab mir das wichtigste Buch meines Lebens und ahnte es nicht einmal ansatzweise.

Lea & Nils
Lea, diese Welt hat nie einen plüschigeren Keks gesehen. Matti, du kannst ALLES schaffen, zieh nur den Kopf aus dem Sand. Ich liebe euch!

Silke:
Weil sie mich, obwohl ich ihr so weh tat, noch immer in den Arm nehmen mag.

Anja:
Sie ist der feste Halt in meiner Welt!

Anita und Wilfried
Sie haben mich wie ihren eigenen Sohn aufgenommen.

Herr Hermes:
Er legte mit seinem Unterricht den Grundstein für das, was sie gerade in Händen halten.

Jan Swinkels:
Er zog mein Selbstbewusstsein aus der Asche.

Al Di Meola:
Seine Musik gibt mir unendlich viel und ich bin froh einen Teil davon zurückgeben zu dürfen.

Herman van Veen:
Er hat mir, als Fremden, vertraut. Hut ab!

Thomas Lehner:
Merlins Mäntelchen wärmt mich heute, nach 20 Jahren, noch genauso wie am ersten Tag.

Frau Asmus-Budny:
Sie ist die tollste Oma die ich kenne.

Muckelchen Mira:
Weil sie so ist, wie sie ist: Ein Sonnenschein.

Reinhard Bodenstab:
Weil er Angelika glücklich macht. Darauf hoffe und dafür bete ich!